Género Texto expositivo

Pregunta esencial
¿Cómo te expresas?

I0799948

Música con RESIDUOS

Susan Evento

CAPÍTULO 1

¡Exprésate!

Hay muchas formas de ser creativo y de compartir tus ideas y sentimientos.

¿Te gusta crear arte? ¿Te gusta dibujar o pintar cuadros?

Tal vez te guste actuar en obras de teatro, bailar o escribir cuentos.

A algunas personas les gusta cantar; a otras, tocar un instrumento. Estas son formas de **expresarte**, o modos de compartir tus ideas y sentimientos.

Cantar en grupo es un modo divertido de expresarte con música.

Si quieres, puedes usar este tipo de "residuos" para fabricar cosas.

¿Qué tienen que ver una botella y un tubo de papel con compartir sentimientos? ¿Cómo puedes expresarte con una caja de cartón y latas de café?

¡Todo sirve para fabricar instrumentos musicales! Puedes **reciclar** muchas cosas para crear distintos tipos de instrumentos.

Kuttig-People-2/Alamy Stock Photo

Una botella con un poco de agua puede ser un instrumento.

CAPÍTULO 2

Fabricar una guitarra

Así se fabrica una guitarra.

Necesitas:

- una caja de cartón y papel de color
- un lápiz, tijeras y cinta adhesiva
- bandas elásticas de distinto tamaño y grosor
- el tubo de un rollo de papel

Instrucciones:

1. Recorta un agujero ovalado en la parte de arriba de la caja con la ayuda de un adulto.
2. Decora la caja con el papel de color.
3. Coloca de 4 a 6 bandas elásticas extendidas alrededor de la caja, sobre el agujero.
4. Coloca un lápiz debajo de las bandas elásticas.
5. En un lado de la caja, traza el contorno de un extremo del tubo. Con la ayuda de un adulto, recorta el círculo. Pon el tubo y fíjalo con cinta.

¿Cómo hace música tu guitarra?

Para que algo produzca sonido, debe **vibrar**, o moverse hacia atrás y adelante. Si punteas las bandas elásticas, las verás moverse hacia atrás y adelante.

Experimenta primero usando algunas bandas elásticas delgadas y luego usando unas más gruesas. ¿Cómo cambia el sonido?

¿Lo sabías?

Las bandas largas suenan más bajo que las cortas. Las gruesas suenan más bajo que las delgadas. Las ajustadas tienen un tono más agudo que las flojas.

CAPÍTULO 3

Fabricar un trombón

Así se fabrica un trombón.

Necesitas:

- 2 tubos de cartón (uno debe poder entrar dentro del otro y quedar bien ajustado)
- cartulina
- cinta adhesiva de papel

Instrucciones:

1. Dobla la cartulina alrededor de uno de los extremos del tubo más grande.
2. Pégalo con cinta formando un cono.
3. Coloca un extremo del tubo más pequeño dentro del extremo del tubo más grande que no tiene el cono.
4. Tal vez necesites envolver el extremo del tubo más pequeño con cinta adhesiva de papel. Esto servirá para que quede bien ajustado.

Detective del lenguaje

Halla un punto y seguido en esta página. Halla un punto y aparte.

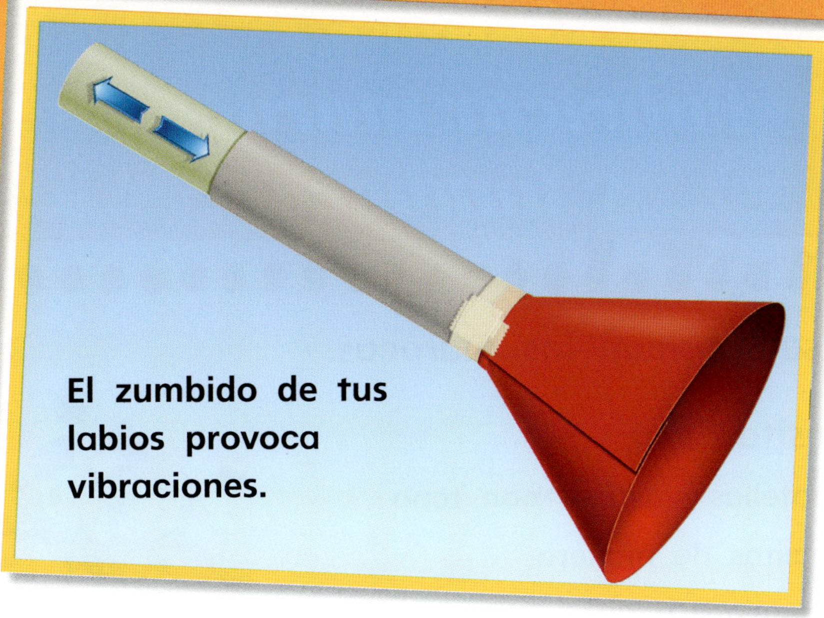

El zumbido de tus labios provoca vibraciones.

¿Cómo hace música tu trombón?

Presiona tus labios en la abertura del tubo más pequeño. Sopla dentro del tubo y haz un zumbido. Desliza el tubo pequeño hacia atrás y hacia delante.

Experimenta con distintos sonidos. Usa tubos más gruesos o más delgados. Sopla más fuerte o más suave y prueba distintos movimientos. Mueve el tubo más lento o más rápido. Fabrica trombones con tubos más largos o más cortos. ¿Cómo cambia el sonido con estas variaciones?

Illustration: Rob Schuster

CAPÍTULO 4

Fabricar maracas y tambores

Así se fabrican las maracas.

Necesitas:

- 2 botellas plásticas con tapa
- 2 palitos de madera
- pegamento y tijeras
- frijoles o semillas variadas
- arroz
- calcomanías

Instrucciones:

1. Decora las botellas con calcomanías.
2. Pide a un adulto que haga un agujero angosto en la base de las botellas con una tijera.
3. Pega un palito de madera en cada agujero y deja secar bien el pegamento.
4. Rellena las botellas con frijoles o semillas y arroz. Cierra las botellas ajustando bien la tapa.

¿Cómo producen sonido tus maracas?

Cuando sostienes los palitos y sacudes las maracas, los frijoles se mueven hacia atrás y adelante, y golpean la botella.

Experimenta con diferentes sonidos. Usa frijoles, semillas y arroz. Prueba variar las cantidades de cada cosa. Sacúdelas lenta y rápidamente. ¿Cómo cambia el sonido?

Detective del lenguaje	Sacudes es un verbo en presente. Piensa en una oración con ese verbo en pretérito.

Averigua con qué rellenaron las maracas los niños de la clase de la Sra. Jones.

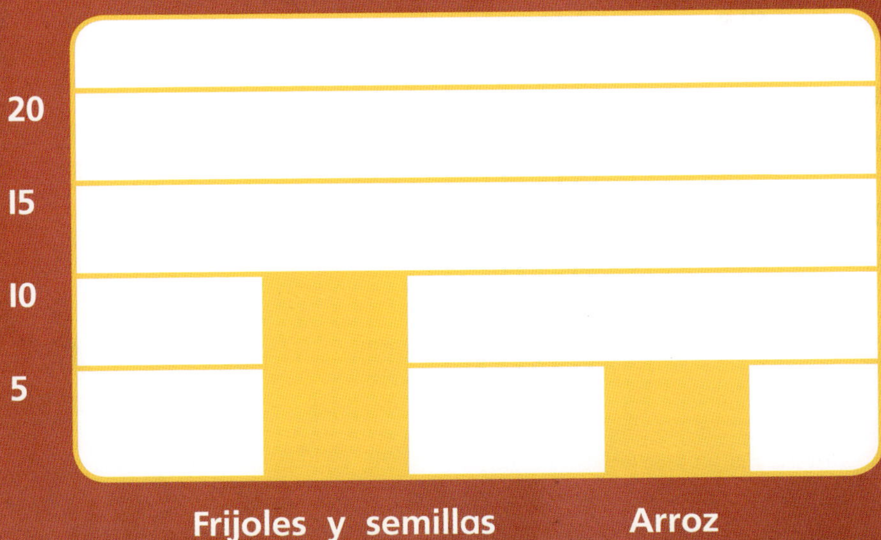

Así se fabrican los tambores.

Necesitas:

- 2 latas de café con tapa de plástico
- un par de palillos o dos lápices con goma de borrar
- 2 bandas elásticas grandes

Instrucciones:

1. Asegúrate de que las latas estén limpias. Pide a un adulto que revise que las latas no tengan bordes filosos.
2. Ata las dos latas entre sí con las bandas elásticas.
3. Golpea las latas con un par de palillos o lápices.

(bkgd) Andrew Howe/Photodisc/Getty Images, (t) Amy Etra/PhotoEdit, (b) JG Photography/Alamy

Experimenta con distintos sonidos. Golpea el lado de plástico y el de metal. Usa la goma de los lápices. Pon los tambores sobre una sudadera, una alfombra o un piso de madera. ¿Cómo cambia el sonido?

La parte superior del tambor vibra cuando la golpeas.

Existen muchos instrumentos que puedes hacer y tocar.

Has probado los sonidos que pueden hacer estos instrumentos. Ahora, transforma los sonidos en música. Toca mientras suena tu canción favorita o haz tu propia canción. Toca con amigos que tengan otros instrumentos. Den un concierto. ¡El público los ovacionará!

¡Haz movimientos corporales al ritmo de la música! ¡Exprésate!

Respuesta a la lectura

Resumir

Usa detalles como ayuda para resumir *Música con residuos.*

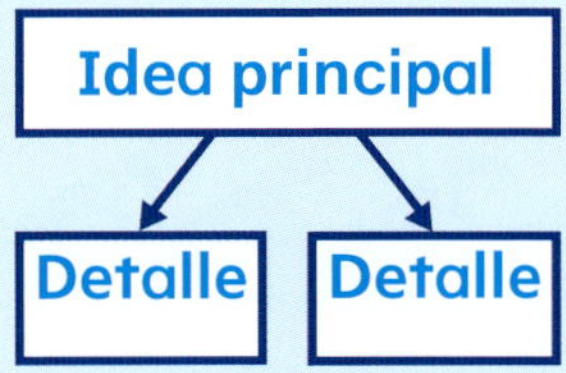

Evidencia en el texto

1. ¿Cómo sabes que *Música con residuos* es un texto expositivo? **Género**
2. ¿Cómo puedes hacer maracas con objetos cotidianos? **Idea principal y detalles clave**
3. Usa lo que sabes sobre prefijos para hallar el significado de *reciclar* en la página 5. **Prefijos**
4. ¿Qué has aprendido sobre las maneras de expresarte? **El texto y el mundo**

Género Texto expositivo

Compara los textos

¿Cómo se comunican las personas por medio del sonido?

Hablar bajo el agua

¿Cómo se comunican los buzos? Antes, los buzos hacían señas con las manos para hablar bajo el agua. Usaban pizarras también. Para ver las señas y las pizarras, usaban luces. Aun usando luces, era difícil ver con claridad.

Los buzos deben comunicarse para mantenerse a salvo.

Reinhard Dirscherl/WaterFrame/Getty Images

El sonido puede viajar a través del agua, pero las palabras son difíciles de entender.

Ahora, los buzos tienen una mejor manera de comunicarse. ¡Realmente pueden hablar bajo el agua! Se coloca un dispositivo en la máscara de los buzos que transforma su voz en señales de ultrasonido.

Stephen Frink/Photographer's Choice RF/Getty Images

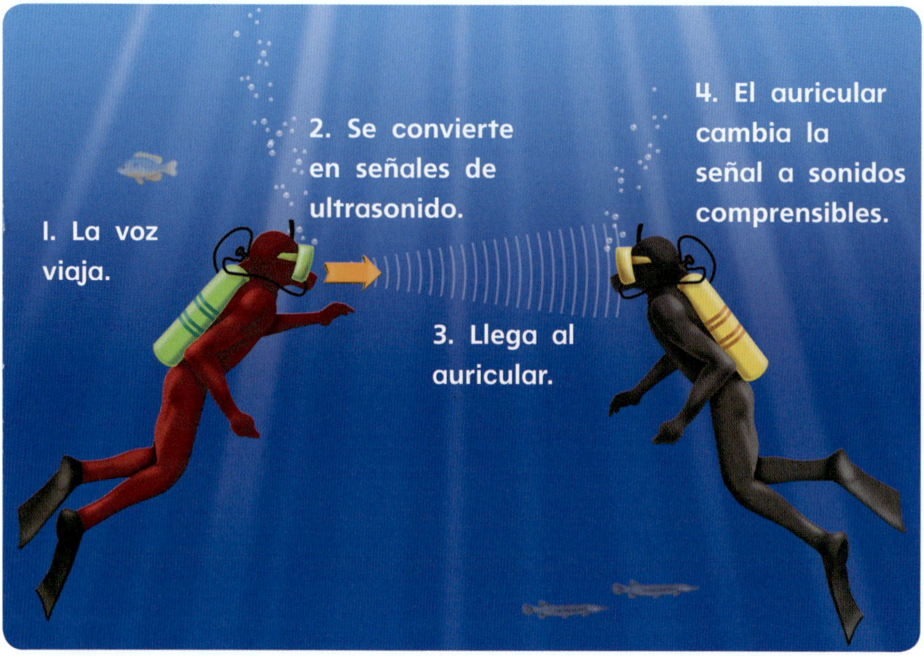

Así se transmiten los mensajes entre buzos.

El otro buzo tiene un auricular que acepta las señales. Las transforma en sonidos que el buzo puede entender. Los buzos también pueden comunicarse con los barcos utilizando este método.

Haz conexiones

¿Cómo puedes usar sonidos para expresarte? Pregunta esencial

¿Qué aprendiste sobre los sonidos en los textos de este libro? El texto y otros textos

Glosario

experimentar probar algo y observar los resultados ***(página 7)***

expresar decir o mostrar ideas y sentimientos ***(página 3)***

reciclar volver a usar algo ***(página 5)***

vibrar moverse hacia atrás y hacia delante ***(página 7)***

Índice

Enfoque: Ciencias

Propósito Hallar materiales cotidianos para hacer instrumentos

Paso a paso

Paso 1 Elige un instrumento musical que quieras fabricar. Puede ser uno que aparezca en *Música con residuos* u otro diferente.

Paso 2 Haz una lista de los materiales necesarios para fabricarlo.

Paso 3 Consigue los materiales y fabrícalo. Puedes trabajar con un compañero o una compañera.

Conclusión Comparte tu instrumento con la clase. Explica cómo produce sonidos. Cuenta cómo experimentaste para lograr sonidos variados.